Des bagues et
des odeurs.

DES BAGVES ET ANNEAVX.
LETTRE III.

M ONSIEUR,

Encore que la Bague qui vous a esté donnée soit d'un prix tres-considerable, mon opinion est qu'il augmente de beaucoup, par la consideration de la main dont vous tenez un si beau present. La vostre pourtant est celle qui le fera principalement valoir, si j'ai bien retenu le sens d'un proverbe qu'on m'a souvent dit en Espagne, *la espada, y la sortija, en cuya mano estàn.* Quelque éclatantes que soient les facettes de vostre diamant ; & quoique sa grosseur & son poids le recommandent merveilleusement, il s'en trouvera toûjours assez d'autres dans le monde qui le surmonteront pour ce regard, mais fort peu qui se soient arrestez en si bonne main, aprés avoir passé par une autre remplie de tant de merite. Les Rois de Bisnagar se reservent encore aujourd'huy ceux qui excedent le poids de cent quinze grains: Le Cam des Tartares fait le mesme des plus belles Turquoises qui sortent de la meilleure roche: Et l'on sçait qu'autrefois les Souverains d'Egypte retenoient pour eux les Topases d'une excellence extraordinaire. C'est donc avec raison que je considere la valeur de vostre anneau hors de luy mesme, & que sans le comparer aux pierreries d'un prix inestimable, je luy en donne un qui ne luy peut estre raisonnablement contesté. Mais pour vous témoigner combien m'a esté douce la nouvelle de cette gratification, je vous veux faire part de quelques pensées qu'elle m'a fournies, & qui m'ont servi depuis vôtre obligeante Lettre d'un tres-agreable entretien.

Déja je fais grande distinction entre la bonté interieure & essentielle des pierres precieuses, & la bonté ou vertu qu'on leur attribuë avec trop de credulité. Car de dire que la pierre nommée Alectorie, parce qu'on la trouve parfois dans le ventre d'un Coq, ait eu le pouvoir de rendre invincible Milon le Crotoniate: Qu'il y en ait qui donnent des songes divins,

divins, ou qui faſſent prédire l'avenir : Et que d'autres ſoient propres tantoſt à évoquer du Ciel en Terre l'Image des Dieux; tantoſt à faire venir des Enfers les ombres des Trépaſſez, ſelon que Pline écrit tout cela dans ſon trente-ſeptiéme livre, c'eſt ce que je ne croirai jamais, que quand mon eſprit ſe diſpoſera à recevoir toute ſorte de fables pour autant de veritez. Il faut mettre au meſme rang les deux anneaux, d'oubli, & de ſouvenance, du premier deſquels Moïſe fit preſent à ſa femme Egyptienne, afin qu'elle ne penſaſt plus en luy : Cét autre dont parle Joſephe, qui chaſſoit les Demons en la préſence de Veſpaſien : Celuy de Midas, ou de Gyges, qui rendoit inviſible : Et les ſept encore que le Prince des Brachmanes Jarchas, donna au grand Apollonius, qui portoient le nom de ſept E'toiles, & ſervoient l'un aprés l'autre à chaque jour de la ſemaine. C'eſt ſans doute ſur de tels patrons qu'ont eſté fabriquez les contes des bagues qui charmerent l'eſprit de l'Empereur Charlemagne, & de Henry II. Roy de France, au rapport de Petrarque, & d'Antoine de Laval.

X.

Philoſtr. l. 3. de vita Apoll. c. 13.

Lib. 14. ep. 3.

Je ne veux pas nier pourtant que les pierres que nous appellons précieuſes, *ubi in arctum coacta rerum naturæ majeſtas,* comme dit le meſme Pline que nous venons de citer, ne puiſſent avoir quelques vertus ou facultez naturelles, puiſque

Traittez en forme de Lettres. I. Part. B

l'Aimant nous en fait voir tous les jours de si merveilleuses. Elles agissent sans doute comme les autres mixtes, ou par leur forme substantielle, ou par leur matiere, & il n'y a rien que je ne leur accorde librement de ce qui peut venir de là, pourveu qu'il n'excede pas le cours de la Nature, & qu'on ne leur attribuë point d'effets manifestement surnaturels comme le sont les precedens, & assez d'autres semblables dont on abuse les esprits credules. Quelle apparence y a-t-il de s'imaginer qu'une Turquoise, ou une émeraude tombée d'une bague, predise l'infortune qui menace celuy qui la portoit ? Cependant il se trouve des personnes si persuadées de cela, que nous voyons dans nostre Histoire moderne le sieur de Teligny allant avec douze cens hommes pour une entreprise sur la ville de Nantes, s'arrester tout court, trouvant le matin aprés avoir bien cheminé que la pierre de son anneau estoit chutte, sans qu'il y eust moien de le faire passer outre, parce qu'il avoit perdu toute esperance avec le verd de son E'meraude. Car quand mesme il seroit vrai, que la pierre Selenite creust & décreust selon les faces differentes de la Lune, ce n'est pas à dire neantmoins qu'il faille admettre toutes ces proprietez occultes, qu'on veut que les pierres taillées & enchâssées dans des bagues reçoivent du Ciel, en vertu des figures qui leur sont données

Aubigné tom. 1. p. 301.

durant de certaines constellations. Tous ces Talismans & Gamahez, dont la fausse Astrologie fait tant de parade, ne doivent passer que pour des preuves de la vaine superstition de beaucoup d'esprits, qui ne croient jamais rien avec plus d'opiniastreté que ce qui est le moins croiable par raison. Mais quant aux autres vertus des pierres qui operent par des émanations ou écoulemens de leurs substances, comme il s'en fait de tous les corps, & dans tous les ordres de la Nature, il est aisé d'y acquiescer par les raisons qu'en donnent autant qu'il y a de diverses sectes de Philosophie. C'est pourquoi je ne trouve pas étrange ce qu'écrivent Aulu-Gelle & Macrobe, que les Grecs & les Romains portassent leurs anneaux au doigt de la main gauche, nommé pour cela annulaire, ou medicinal ; si tant est que ce nerf dont ils parlent s'y rencontre, qui réponde au cœur, & qui par consequent puisse servir de vehicule à la vertu cardiaque d'une pierre precieuse. Si est-ce qu'il n'y a point eu de doigt qui n'ait esté preferé par quelques-uns pour ce regard ; jusques là que celuy du milieu, appellé infame, & où nous voulons que les foux fetils mettent leurs bagues, servoit à cét usage aux anciens Gaulois, & aux Anglois, comme Pline l'a remarqué dans le trente-troisiéme livre de son Histoire naturelle. Quoiqu'il en soit, les pierres precieuses,

Lib. 10. noct. At. c. 10. l. 7. Saturn. c. 13.

Cap. 1.

LETTRE III. DES BAGUES

tant celles qui sont renfermées dans un anneau, que les autres, ont des proprietez si efficaces, ou à nostre avantage, ou à nostre préjudice, qu'on leur attribuë entre autres effets la mort d'un Pape, & d'un Empereur. Car pour commencer par le dernier, celle de Leon quatriéme arriva, comme l'on croit, de ce qu'après avoir pillé dans Constantinople le Temple de Sainte Sophie, il portoit ordinairement une Couronne si chargée de pierreries qu'il y trouva, qu'outre le poids, leur froideur, & les mauvaises qualitez dont elles luy toucherent le cerveau, le firent mourir subitement. Platine rapporte à la mesme cause, l'apoplexie qui osta de ce monde Paul deuxiéme, qui l'avoit tant persecuté. Il dit que ce Pape consomma tout le thresor de l'Eglise en perles, diamans, & autres joiaux, dont il se fit une thiarre plus propre à représenter une Cybelle avecque sa tour sur sa teste, qu'un souverain Pontife; & que cette machine portée trop souvent fut le plus apparent sujet de sa mort; encore qu'il remarque ailleurs, que son intemperance à manger des melons y pouvoit bien avoir contribué.

In vita Hadriani I.

In vita Paul. II.

Mais puisque le present que vous avez receu, m'arreste particulierement l'esprit sur la consideration des Anneaux, je vous veux dire comme il n'y a gueres de parties du corps humain, où la galanterie n'en ait fait mettre aussi bien qu'aux doigts de l'une & de l'autre main. Les Relations de l'Inde Orientale asseurent que ses habitans les portoient ordinairement au nez, aux lévres, aux joües, & au menton. André Corsal en dit presque autant des femmes Arabes du port de Calayate. Nous lisons à peu prés la mesme chose dans Ramusio, des Dames de Narsingue vers le Levant. Et Diodore Sicilien témoigne au troisiéme livre de sa Bibliotheque, que celles d'Ethiopie avoient accoûtumé de se parer les lévres d'un anneau d'airain. Pour le regard des oreilles, c'est par tout le monde qu'on s'est pleu, hommes & femmes, à y faire pendre des bagues de prix. Car bien que les oreilles percées passent dans le Deuteronome pour une marque entre les Juifs de servitude perpetuelle ; que nous lisions dans la vie de Xenophon écrite par Diogenes Laërtius, comme ce Philosophe reprochoit à un certain Apolonides pour luy faire injure, qu'il avoit aussi les oreilles percées ; que la basse naissance de l'Empereur Macrinus parut, à ce que dit Dion Cassius, en ce qu'il en avoit une troüée à la façon des Maures ; & qu'encore aujourd'hui il n'y ait gueres que les femmes dans l'Europe qui portent des pendans-d'oreille : Si est-ce qu'il y a aussi des Cavaliers, qui prennent parmi nous, & ailleurs, la licence de s'en parer. Les Perses, dit Diodore,

Cap. 15.

& les Arabes Panchées mettent ordinairement des anneaux à leurs oreilles. Les Grecs sans doute en usoient de mesme, puisque nous sçavons par l'autorité de Sextus le Pyrrhonien, que Platon estant encore jeune homme avoit l'une des deux percée, où pendoit une bague. Je ne veux pas oublier là-dessus que les Incas Empereurs du Perou, donnoient l'Ordre de Chevalerie en perçant les oreilles, comme on peut voir dans Garcilasso de la Vega. Cesar de Federici represente les Naires, qui sont les Gentils-hommes de l'Inde Orientale, avec de si grandes oreilles, & si bien trouées, qu'on y peut passer le bras. Et Odoardo Barbosa montre en parlant de ceux de Zeilam dans la mesme region, que cela se fait par la grosseur & pesanteur de leurs pendans-d'oreilles, qui les leur font venir jusques sur leurs épaules. Ne pouvons-nous pas remarquer encore avec quel transport d'affection Antonia femme de Drusus mit d'autres pendans-d'oreilles à une Lamproie dont elle faisoit ses delices? Et comme les Anguilles d'une fontaine de Jupiter Labradien en portoient de mesme? Je ne dis rien de ceux des femmes, parce que de tout temps, & en tous lieux, elles en ont fait une de leurs plus grandes vanitez ; d'où vient la plainte de Seneque, qu'elles portoient deux & trois patrimoines au bout de chaque oreille, *video uniones*, dit-il, *non singulos singulis*

Lib. 5.

L 1. adv. Math. c. 22.

Hist. des Incas. l. 6. c. 27.

Plin. l. 9. c. 55. & l. 32. c. 2.

Lib. 7. de benef. c. 9.

ET ANNEAUX.

auribus comparatos, jam enim exercitatæ aures oneri ferendo funt: junguntur inter se, & infuper alij binis superponuntur: non satis muliebris insania viros subjecerat, nisi bina ac terna patrimonia auribus singulis pependissent. Mais quelle invective n'eust-il point faite contre celles qui se percent les extremitez de leurs plus secrettes parties, pour y passer des anneaux d'or qui s'ostent & se remettent quand bon leur semble ? Le Capitaine Portugais Pierre de Sintre témoigne que les Dames de qualité d'une certaine coste de Guinée, ne se contentant pas de ceux dont elles se parent, le nez & les oreilles, s'en ajustent encore au lieu que nous venons de dire, sans quoi elles ne penseroient pas estre galantes. Il est vrai que les hommes ne sont pas plus modestes en beaucoup de païs. Odoardo Barbosa dit qu'ils portent au Roiaume du Pegu de petites sonnettes de differens metaux, attachées au bout du membre viril, ou fourrées entre la chair & la peau du prépuce, les faisant sonner par les ruës s'ils y voient passer quelque femme qui leur plaise. Linschot & assez d'autres prennent cette invention pour un remede contre la Sodomie ordinaire dans tous ces quartiers. Mais quoiqu'il en soit la mesme chose s'observe au Roiaume de Siam, sinon que le Portugais qui a fait le sommaire de l'Inde Orientale traduit par Ramusio, ajoûte que les grands Seigneurs

X.

Si sçavois une fille, dit Rabinnas dans Petrone, je lui couperois les oreilles... plané. Si filiam haberem auriculas illi præciderem. Nec locus si non esset, omnino pro luto haberemus.

Ramusio, tom. I. p. 316. 335. 340. & 360.

ont souvent outre les sonnettes, des Diamans de prix en cette mesme partie. Nicolas di Conti assure que les habitans de la ville d'Ava ne croiroient pas se pouvoir rendre agreables à leurs maistresses, s'ils n'avoient une douzaine de ces sonnettes ainsi enchâssées en forme de petites noisettes. Et Pigafetta témoigne que ceux de l'Isle de Zubut portent tous par gentillesse, des anneaux d'or de la grosseur d'une plume d'oie qui leur traversent le prépuce; de mesme que je me souviens d'avoir sceû dans Nicolaï, qu'il y a des Religieux Turcs nommez Calanders, qui s'y en mettent encore de plus gros, & de fer, pour conserver leur virginité. En verité le luxe & la luxure d'Orient vont bien au delà de ce qui se pratiquoit à Rome du temps de Seneque, & de celuy de Pline l'aisné, quoique ce dernier soûtienne que le premier homme qui mit un anneau au doigt de sa main, commit un crime detestable, *pessimum vitæ scelus fecit, qui annulum primus induit digitis.* C'est bien faire pis dans la doctrine des mœurs d'en porter aux doigts des pieds, comme l'ont en usage non seulement les femmes Indiennes, & entre autres les Guzzerattes; mais encore ceux de nostre sexe. Quand Pierre Alvarez receut sa premiere Audience du Roy de Calicut, il le vid tout lumineux de pierreries enchâssées dans des pendans-d'oreilles, des bracelets & des anneaux tant aux doigts des mains que

Hist. nat. l. 33. c. 1.

Ind. Orien. par. 12. p. 39. & Odo. Barbosa, 295.

que des pieds, faisant voir par ce moien sur un de ses orteils un Rubis, & un Escarboucle de tres-grand prix. Et Louïs Bartheme represente un autre Roy de Pegu qui estoit encore plus excessif en cela, n'aiant aucun des doigts de ses pieds qui ne fust chargé d'anneaux garnis de pierreries.

Si je voulois poursuivre ce point de Morale, je considererois combien il y a de mains emploiées à remuer les entrailles de la terre, pour trouver dequoi faire paroistre un petit doigt. *Viscera ejus extrahimus, ut digito gestetur gemma quam petimus. Quot manus atteruntur ut unus niteat articulus? Si ulli essent inferi*, dit ce Paien, *jam profectò illos avaritiæ cuniculi refodissent.* Mais il n'y auroit point d'apparence de parler de la sorte au sujet d'un anneau tel que le vostre, venu de si bon lieu, & qui est tombé en si bonne main. Disons plûtost à son avantage, que depuis celuy de Promethée, le plus ancien de tous, les anneaux ont toûjours passé pour une marque d'honneur parmi toutes les Nations. Les Philosophes Brachmanes s'en parent, dans Philostrate. Ils donnent à connoistre dans Aristote, le merite des gens de guerre parmi les Carthaginois. Et Alexandre presente le sien en mourant à Perdicas, comme par une designation de son successeur, si nous en croions Lucien. C'est une chose certaine que les Spartiates faisoient gloire d'en porter du plus vil de tous les me-

Plin. l. 2. nat. hist. c. 63.

Lib. 3. c. 4. 7. Poit. c. 2 Dial. Diog. & Alex.

taux, qui est le fer : & que l'anneau d'or chez les Romains estoit la marque des Ambassadeurs qui le recevoient en partant ; comme encore des Chevaliers, des Senateurs, & des Tribuns, qu'Asdrubal reconnut par là entre les simples soldats selon que l'écrit Appian.

A la verité l'on a pris le doigt annulaire orné d'une bague, pour le symbole des graces & des honneurs qu'on fait assez souvent à des faineans, & à ceux qui le meritent le moins, à cause du peu de service que rend ce doigt, le plus exempt de tous du travail, & celuy neantmoins qu'on pare & qu'on enrichit par preference d'or & de pierreries. Mais outre que son peu d'emploi est la vraie raison du choix qu'on a fait de luy (laissant à part la consideration du nerf cardiaque dont nous avons déja parlé) d'autant qu'un anneau n'est pas si sujet à se rompre & briser, où il est en repos & hors d'agitation : Il faut encore prendre garde que dans ce symbole mesme l'anneau conserve sa dignité, & qu'il n'y a que la mauvaise place où il se rencontre qui soit condamnée. Car d'ailleurs il est de si grande autorité, que dans le Droit Romain le privilege obtenu d'en porter, estoit un titre d'ingenuité aux Libertins, quoique les loix du Code ne soient pas bien d'accord pour ce regard avecque celles du Digeste. J'ai souvent medité sur une observation que fait Aulu-Gelle,

De iure aur. ann. l. 40. Digest. tit. 10. & l. 6. Cod. tit. 8. Noct. Attic. l. 10. c. 15.

qu'il n'estoit pas permis au grand Prestre de Jupiter, nommé *Flamen Dialis*, de porter un anneau s'il n'estoit fort large, *annulo uti nisi pervio cassoque* ; ce que d'autres interpretent s'il n'estoit sans pierre ou joiau, & percé au lieu où l'on les enchâsse. Pour moi je pense que le sens mystique de cette loi Pontificale, n'est pas éloigné de celuy que couvroit le Proverbe connu des Grecs & des Latins, de ne porter jamais de bague estroite, *annulum arctum ne gestato*. Et vrai-semblablement comme le possesseur de ce grand Sacerdoce estoit fort consideré & respecté, les Romains ont voulu dire par là qu'il ne devoit jamais estre contraint en pas une de ses actions. Cette façon de s'expliquer mysterieusement me fait encore souvenir d'un des preceptes de Pythagore, fils d'un graveur d'anneaux appellé Mnesarche. Il defendit à ses disciples d'en porter où la figure de Dieu fust representée ; ce qui a toûjours esté pris pour un commandement qu'il leur faisoit, de ne reveler jamais au peuple ce qu'ils croioient de la Divinité. Si est-ce que les Sectateurs d'Epicure, qui deferoient des honneurs presque divins à sa memoire, mettoient ordinairement son portrait dans des anneaux pour l'avoir toûjours devant les yeux, à ce que nous apprend un de ses plus illustres Partisans Pomponius, au commencement du

Dei figuram in annulo ne gestato.

28 **LETTRE III. DES BAGUES**
cinquiéme livre qu'a écrit Ciceron, *de finibus bonorum & malorum.*

Et parce que je vous ai dit dés le commencement de ma Lettre que le diamant de voſtre bague, quoique tresbeau, eſtoit ce que j'en priſois le moins, ne pouvant aller du pair avec celuy du dernier Duc de Bourgogne, vendu neanſmoins un ſeul Florin ; ni avec cét autre de Sancy, qui fut conſervé dans un ſi vilain lieu ; je vous veux faire voir ſur ce reſte de papier quelques-unes des plus belles pierreries qui ſe repreſenteront à mon imagination. Déja pour ce qui eſt des Diamans, je n'en ſçai point de plus admirable que celuy du grand Mogol, qu'on dit eſtre de la groſſeur & de la forme d'un œuf de poulette ; auſſi le porte-t-il à ſon bras, eſtant trop peſant & trop incommode pour les doigts de la main. Marc Polo diſoit de ſon temps que le Roy de Zeilam avoit le plus beau Rubis du monde, d'une palme de longueur, & qui n'eſtoit pas moins gros que le bras d'un homme ; c'eſt pourquoi il écrit que comme il paroiſſoit ſans tache, auſſi le croioit-il ſans prix. L'Agathe de Pyrrhus qui repreſentoit naturellement les neuf Muſes préſidées par Apollon, & que Pline avec Solin ont tant admirée, ne pouvoit pas non plus recevoir ſa juſte eſtimation. L'Hiſtoire

Lib. 3. c. 19.

Lib. 9. c. 8.

des Incas dit que dans une vallée du Perou, l'on adoroit une émeraude, qui eſtoit preſque auſſi groſſe qu'un œuf d'Auſtruche, & que ces Indiens du nouveau Monde venoient de fort loin luy faire des ſacrifices. Et la Relation de Pigafette porte, conformément à celle de Maximilien Tranſilvain, que le Roy de Borneo avoit à ſa Couronne des Perles de la groſſeur de l'œuf d'une poule, ou d'une oie, ſi parfaitement rondes, qu'elles eſtoient toûjours en mouvement ſur une table. Ne vous imaginez pas qu'il ſoit impoſſible d'en trouver de ſi groſſes dans la Conche d'une huiſtre, puiſque les meſmes Auteurs aſſurent qu'il s'en eſt peſché dans ces mers-là, dont la chair peſoit juſques à quarante-ſept livres. Reconnoiſſez plûtoſt avecque moi, que puiſque tous ces chef-d'œuvres du Soleil ſemblent n'étre produits que pour les plus grands Monarques, n'y aiant point de richeſſes d'hommes particuliers qui les puiſſent paier, j'ai eu raiſon de faire cas de voſtre anneau par d'autres conſiderations, que par celle du prix de ſon Diamant.

DES ODEURS.
LETTRE IV.

MONSIEUR,

Nous avons accoustumé de dire que ceux-là ont bon nez, qui prevoient avec jugement ce qui peut arriver; & le Latin les a nommez de mesme, *viros non obesæ, sed emunctæ naris*, surquoi quelques-uns se sont fondez, qui ont creu que l'Odorat excellent pouvoit passer pour une marque de bon entendement. Le Medecin Espagnol Huarte est en ceci contredit par d'autres de sa profession, qui s'imaginent tout au contraire que la perfection de ce sens est un témoignage d'esprit pesant & tardif; d'où vient que la plûpart des animaux ont un merveilleux avantage sur nous pour ce qui concerne l'Odorat. Et je me souviens qu'Antonio Perez remarque dans une de ses Lettres, que son Maistre le Roy d'Espagne Philippe II. n'en avoit point du tout, n'aiant jamais reconnu la difference des Odeurs, quoique son seul raisonnement suffist à la conduite de ses Estats. *Phelippe segundo mi amo*, dit-il, *nunca olió, ni conosció differencia de olores; y sabemos el que fuè.* Cela semble favoriser le dernier avis, parce qu'il n'y a gueres d'apparen-

Guibelet c. 10. & 50.

Cartas seq. cart. 31.

ce que la bonté de l'Odorat soit avantageuse à l'esprit, si celuy-ci ne laisse pas d'avoir ses operations excellentes dans une totale privation de l'autre ; estant encore vrai-semblable que si le defaut de flairer compatit avec la bonté de l'esprit, la perfection du mesme sens témoignera la pesanteur des fonctions spirituelles.

Neantmoins puisque selon l'Eschole, la seicheresse convient aux Odeurs, de mesme que l'humidité aux Saveurs ; & que d'ailleurs les meilleurs esprits sont ceux qui ont le plus de cette splendeur seiche d'Heraclite, n'y aiant rien de si contraire aux plus nobles fonctions de l'ame que l'humidité du cerveau ; n'est-il pas aisé de reconnoistre qu'une mesme qualité servant à perfectionner l'Esprit & l'Odorat, ils ne peuvent pas estre dans un tel divorce, que la bonté de l'un cause la foiblesse ou l'engourdissement de l'autre ? Aussi ne manque-t-on pas d'exemples formellement opposez à celuy de Philippe Second. Pherecyde, le Precepteur de Pythagore, avoit cét organe dont nous parlons si subtil, qu'il predit un tremblement de Terre par l'odeur d'une eau de Puits. Democrite se fit aussi admirer dans sa conference avec Hippocrate, jugeant de mesme que le lait qu'on leur avoit presenté estoit d'une Chevre noire, & qui n'avoit encore porté qu'une fois. Je sçai bien que l'Ecrivain de sa vie parle de ce discernement comme d'un effet de la veuë. Mais ce que nous lisons dans Philostrate d'un jeune Pasteur, qui reconnut au flairer que du lait n'estoit pas pur, me fait penser la mesme chose de l'action de Democrite. Ce Rustique, grand & fort à merveille, se nommoit Agathion, & avoit prié le Sophiste Herode de luy tenir prest au lendemain un vase plein de lait pur à son égard, c'est à dire, qui n'eust pas esté tiré de la main d'une femme. Mais il s'apperceut aussi-tost qu'on le luy offrit, comme il n'estoit pas tel qu'il l'avoit demandé, protestant que l'odeur des mains de celle qui l'avoit tiré luy offensoit l'Odorat. Philostrate le nomme Divin là-dessus ; & Pherecyde non plus que Democrite ne passeront jamais pour gens d'esprit grossier, encore qu'ils aient eu le nez aussi bon & epuré, que Philippe Second l'avoit mauvais & sans action.

<small>Diog. Laër.</small>

Quant à ce qui touche l'avantage des Bestes en ceci, d'où l'on pretend tirer une consequence du peu d'esprit de ceux qui jouïssent d'un excellent Odorat, puisqu'ils ont cela de commun avec elles ; outre que l'argumentation est vicieuse, l'on en combat la présupposition, quoiqu'elle soit d'Aristote, de beaucoup de preuves contraires. Car comme l'on veut que les Corbeaux & les Vaultours aient ce sentiment admirable, le mesme

<small>In Probl.</small>

Aristote aiant laissé par écrit qu'au carnage qui se fit des Medes à Pharsale, tous les Corbeaux d'Athenes & du Peloponese s'y transporterent ; & Averroës qu'un Vaultour sentit de Damas une charogne qui estoit en Babylone : Aussi lisons nous des effets prodigieux de nostre Odorat en diverses personnes. Jean Leon assure dans la sixiéme Partie de son Afrique, que le Guide d'une Caravane y reconnut de quarante milles loin en flairant le sable, qu'elle s'approchoit d'un lieu habité. Et Garcilasso de la Vega nomme un certain Pierre Moron, habitant de la ville de Bayamo dans l'Isle de Cube, & de ceux que les Espagnols appellent Metifs, qui alloit à la queste des Indiens & les suivoit du nez à la piste, mieux que les chiens de chasse ne font le gibier ; ajoûtant qu'il sentoit de mesme, l'odeur de quelque lieu que ce fust où il y eust du feu allumé, bien qu'il s'en trouvast éloigné de plus d'une licuë. Nous voilà donc à deux de jeu pour ce regard avec le reste des animaux ; quoiqu'à parler franchement tout ce que nous avons rapporté des uns & des autres me soit grandement suspect, aussi bien que ces veuës de Lyncées qui percent les murailles; & ces ouïes subtiles qui entendent la musique des spheres celestes, ou qui connoissent s'il y a quelqu'un dans une chambre au bruit que fait la porte qu'ils frapét.

C'est ce que je vous ai bien voulu écrire au sujet de ce nez que vous nommez

X.

Lib. 9 de hist. a. nim. c. 31.

Hist. de la Floride 2. part. l. 2. c. 7.

ennemi de tous les autres, parce qu'il leur est insupportable. Pline & son abbreviateur Solin, parlent de certains peuples des Indes vers la source du Gange, qui ne vivent que de bonnes odeurs, les mauvaises leur étant si contraires, qu'elles les font aussi-tost mourir. Que nous connoissons de personnes qui leur sont parfaitement Antipodes, & qui ont un principe de vie tout-à-fait different du leur? Pour moi, je vous avouë que je suis en cela Cyrenaïque, & que je ferois volontiers des imprecations comme Aristippe contre ces effeminez, qui ont rendu mauvais l'usage des parfums. Nous voions dans Suetone que Vespasien revoqua le don qu'il avoit fait d'une Prefecture à un Jeune homme, parce qu'il estoit trop parfumé, luy en faisant de plus une severe reprimende, où ces propres termes furent emploiez, *maluissem allium subolxisses*. Mais si cét Empereur est loüable de s'estre voulu opposer au luxe de son siecle, qui étoit si excessif en cette partie, qu'un L. Plotius proscrit s'estant retiré dans une caverne auprés de Salerne, ne fut découvert qu'à l'odeur des parfums qui le trahirent; l'on peut dire aussi qu'on ne sçauroit condamner absolument les bonnes odeurs & les compositions aromatiques, à moins que de témoigner de l'aversion contre plusieurs mysteres de nostre Religion. En effet elle emploie tous les jours l'encens, les pastilles, & les cassolettes

In Vesp. art. 8.

Solinus c. 46. art. 25.

Des Odeurs.

dans nos temples. Le thymiame dont elle se servait dans l'ancienne loi, était si excellent et si approprié à Dieu, qu'il a menacés dans l'exode (c. 30.) contre ceux qui auroient usé de cette confection pour leur satisfaction particuliere. Et si l'on y prend garde, le contentement des parfums est presque le seul des plaisirs du corps que la dévotion s'en reservé, et dont notre Seigneur a justifié l'usage en sa propre personne. Je considere encore que ceux qui s'en offensent, et qui ne les peuvent souffrir, ont cela de commun avec les plus vils ou les plus immondes des animaux, puisqu'Aristote nous apprend (lib. de mir. ausc.) que ces mêmes parfums, nommé onguens par les romains, font périr les vautours, et que la douce odeur des roses tue les scarabées. Nous avons aussi le proverbe, asinus in unguento, qui semble prêter temoignage contre certaines personnes qui font semblant de mépriser les bonnes odeurs.

et puisque les mauvaises ne plaisent qu'aux esprits immondes, qu'on dit en laisser toujours des restes partout où ils passent ; n'est-ce pas une grande justification pour celles qui leur sont contraires ? Le courroux du ciel paraît autant par la puanteur que par le coup du tonnerre. Et quand les anciens ont écrit que Vénus irritée voulait les femmes de Staby-mène ou de Lemnos, les punit de cette infection d'aisselles qu'ils leur reprochaient ; ç'a été assez nous déclarer qu'ils étaient du sentiment dont je pense que vous n'êtes pas plus éloigné que moi.

... Dans les malades l'odeur cesse quelquefois d'être fétide, pour prendre un caractère singulier de plus en plus supportable. Les malades sentaient l'ambre, le musc, la camomille &c.
Gardane, Essai sur la putréfaction des humeurs animales, p. 123. Paris, Veuve d'Houry. 1769.
(Journal de Jussieu (14 juillet 1769))

www.ingramcontent.com/pod-product-compliance
Lightning Source LLC
Chambersburg PA
CBHW061522040426
42450CB00008B/1745